Margret Rettich

Leselöwen

Werd-gesund-Geschichten

Mit Zeichnungen der Autorin

Loewe

Die Deutsche Bibliothek – CJP-Einheitsaufnahme

Rettich, Margret:
Leselöwen-Werd-gesund-Geschichten / Margret Rettich.
Zeichnungen von Margret Rettich.
1. Aufl. – Bindlach : Loewe, 1993
JSBN 3-7855-2586-9

JSBN 3-7855-2586-9 – 1. Auflage 1993

Umschlagillustration: Margret Rettich
Satz: Fotosatz Leingärtner, Nabburg
Gesamtherstellung: Graphicom
Printed in Jtaly

Jnhalt

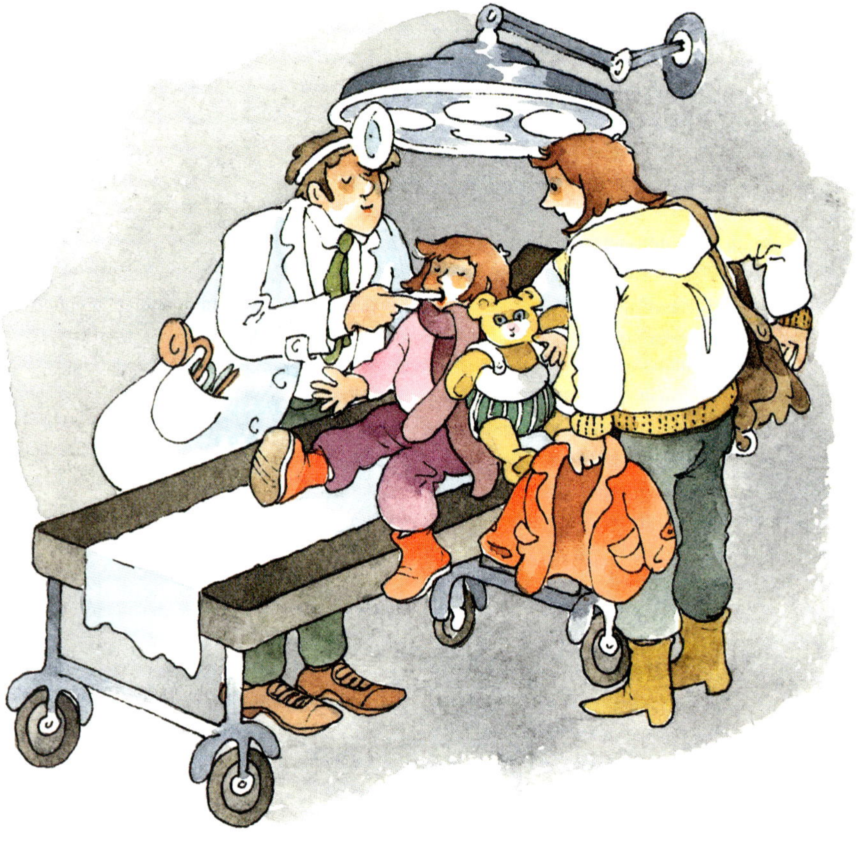

Leas Teddy

Weil Lea oft erkältet ist, sagt der Arzt zu Leas Mama: „Wir müssen Leas Mandeln rausnehmen."

„Tut das weh?" fragt Lea.

Der Arzt lacht und sagt: „Überhaupt nicht. Aber es ist besser, wenn du danach im Krankenhaus bleibst." Er telefoniert mit dem Krankenhaus und meldet Lea an.

Jn der Nacht davor kann Lea nicht schlafen. Sie tappt ins Schlafzimmer zu Papa und Mama und flüstert: „Kommt doch mit."

Mama nimmt Lea in den Arm und sagt: „Es ist ja nur für kurze Zeit."

Papa streichelt Lea und meint: „Wir besuchen dich."

Am anderen Morgen packt Mama in eine Tasche Leas Nachthemd, ihren Bademantel, Pantoffeln und Waschzeug. Sie fragt: „Fehlt noch was?"

Da sagt Lea: „Ja, mein Teddy."

Von ihrem Teddy trennt sich Lea nämlich

nie. Sie drückt ihn an sich, während sie mit Mama ins Krankenhaus fährt. Dort zeigt ihnen eine nette Schwester das Bett, in dem Lea liegen soll.

Die nette Schwester sagt: „Zieh schon mal dein Nachthemd an, Lea. Du kommst gleich dran."

Es kommt Lea komisch vor, daß sie mitten am Tag ein Nachthemd anhat. Sie ist ja nicht krank.

Als Lea an der Reihe ist, geht alles ganz schnell. Jm Nu sind die Mandeln raus. Lea spürt gar nichts. Gleich darauf liegt sie neben ihrem Teddy im Bett. Mama ist bei ihr.

Nach einer Weile steht Mama auf, gibt

Lea einen Kuß und sagt: „Jch muß jetzt gehen. Jch muß noch ins Büro."

Als Mama weg ist, wird Lea ein bißchen bange. Sie hält ihren Teddy fest. Aber schon bald darauf kommt Papa und erzählt lauter Quatsch. Dann ist Papa auch wieder weg.

Lea wird ganz traurig.

Die nette Schwester bringt das Abendessen und bleibt eine Weile da. Später knipst sie das Licht aus und sagt: „Gute Nacht, schlaf schön."

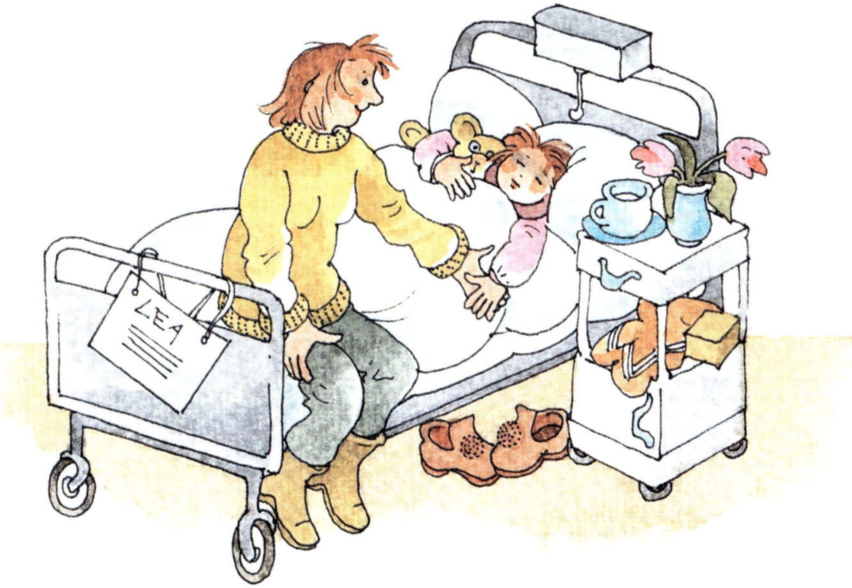

Es ist dunkel und still. Mama ist nicht da, Papa ist nicht da, nur der Teddy.

Lea flüstert: „Ein Glück, daß du bei mir bist."

Am anderen Morgen hilft ihr die nette Schwester im Bad beim Duschen und beim Kämmen. Als sie zurückkommen, geht gerade eine junge Schwester mit einem Arm voll Wäsche aus dem Zimmer. Leas Bett ist frisch bezogen und aufgedeckt.

Lea legt sich hin und angelt nach dem Teddy.

Der Teddy ist nicht da! Er ist nicht unterm Kopfkissen und nicht unter der Decke. Lea klettert aus dem Bett und kriecht auf dem Fußboden herum.

„Was suchst du denn?" fragt die nette Schwester, die das Frühstück bringt.

„Mein Teddy ist weg, ich finde ihn nicht", sagt Lea.

„Dann suchen wir mal gemeinsam", sagt die Schwester. Sie suchen überall, doch der Teddy bleibt verschwunden.

LEA

Es ist schlimm genug, daß Mama und Papa nicht da sind. Daß Lea auch noch ihren Teddy verloren hat, ist zuviel. So viel Unglück kann Lea nicht ertragen. Sie wirft sich aufs Bett und weint.

Aber da ist Mama. Sie tröstet Lea. Auch Mama kann den Teddy nicht finden.

„Du bekommst einen neuen Teddy, einen ganz großen“, sagt Mama schließlich.

„Jch will meinen alten Teddy!“ ruft Lea und schluchzt ganz laut.

Der Arzt, der gestern Leas Mandeln rausgenommen hat, kommt ins Zimmer. Er sagt: „Es tut deinem Hals nicht gut, wenn du dich so aufregst.“

Als er hört, warum Lea weint, sucht er auch.

Es hat alles keinen Zweck. Der Teddy ist spurlos verschwunden.

Mama geht nicht ins Büro und bleibt bei Lea. Papa kommt, und beide wollen Lea aufmuntern. Papa weiß sogar eine Neuigkeit: „Lea, morgen früh darfst du nach Hause.“

„Jch bleib' hier, bis mein Teddy wieder da ist", ruft Lea.

Am späten Nachmittag geht die Tür auf. Die nette Schwester bringt ein Tablett. Auf dem Tablett hockt der Teddy.

Lea streckt die Arme aus und ruft: „Wo warst du?"

„Paß auf, er ist ganz feucht", sagt die nette Schwester. Sie wickelt den Teddy in ein Handtuch, ehe sie ihn Lea gibt. Lea drückt den Teddy an sich und küßt ihn auf die feuchte Nase. Dann fragt sie noch mal: „Wo hast du dich rumgetrieben?“

Die nette Schwester lacht und sagt: „Er ist heute früh beim Bettenmachen zwischen die Wäsche geraten. Jn der Wäscherei ist er in der Waschtrommel gelandet. Er ist gewaschen und geschleudert worden, aber er kann eine Menge vertragen. Als die Wäsche aufgehängt wurde, ist er rausgepurzelt. Und weil inzwischen das ganze Krankenhaus nach deinem Teddy gesucht hat, wußten sie in der Wäscherei gleich, wohin er gehört.“

Lea freut sich so, daß sie gar nicht merkt, wie Mama und Papa fortgehen. Nachts schläft sie tief und fest mit dem Teddy im Arm.

Am anderen Morgen kommt Mama, und Lea darf mit ihrem Teddy wieder nach Hause.

Mama ist krank

Manchmal ist Papa krank. Und manchmal Anne oder Karlchen. Alle Leute sind mal krank, nur Mama ist es nie.

Aber einmal wird Mama doch krank und kriegt alles auf einmal: Husten, Schnupfen, Halsschmerzen und Kopfweh. Eine Weile tut sie, als ob das von allein wieder weggeht.

Schließlich sagt Papa besorgt: „Leg dich endlich ins Bett, sonst wirst du nie wieder gesund."

„Aber wer sorgt dann für euch?" fragt Mama.

„Wir sorgen für uns selbst und für dich dazu“, sagt Papa.

„Klar, das machen wir!“ rufen Anne und Karlchen.

Da nimmt Mama ein heißes Bad. Sie trinkt heißes Zitronenwasser, wickelt sich einen Wollschal um den Hals und legt sich ins Bett. Papa macht die Schlafzimmertür zu. Nun können sie Mamas Husten nicht mehr hören.

Es ist Samstag. Papa muß nicht ins Büro, Anne muß nicht in die Schule, und Karlchen muß nicht in den Kindergarten.

Sie gehen erst mal einkaufen. Alle Leute gehen samstags einkaufen, es ist überall schrecklich voll. Papa hat auch nicht wie Mama einen Zettel, auf dem steht, was er braucht. Er kauft alles durcheinander.

Zu Hause merken sie, daß Papa das

Wichtigste vergessen hat. Er hat kein Brot und keine Milch gekauft. Aber da sind die Läden schon zu.

„Egal“, sagt Papa. „Wir werden trotzdem was Gutes essen.“

Anne und Karlchen rufen: „Au ja, Pudding!“

Das geht leider nicht, weil keine Milch da ist. Sie können sich auch keine belegten Brote machen. Papa ist etwas ratlos, dann hat er eine Jdee. Er hat eine Wurst und eine Menge Gemüse gekauft und sagt: „Wißt ihr was? Wir machen Hoppelpoppel.“

„Jiii, was ist denn das?“ fragt Anne.

Karlchen zieht ein Gesicht.

„Das ist alles durcheinander und schmeckt sehr gut“, sagt Papa.

Schon säbelt er dicke Scheiben von der Wurst. Er schiebt Anne eine Gurke hin. Davon soll Anne dicke Scheiben abschneiden.

„Und was mach’ ich?“ fragt Karlchen.

Papa sagt: „Du guckst uns zu.“

Karlchen guckt also zu, wie sich Anne in

den Finger schneidet. Es blutet so, daß Anne ganz blaß wird. Karlchen hämmert an die Tür vom Schlafzimmer und schreit: „Mama! Anne hat sich eben einen Finger abgeschnitten!“

Sofort ist Mama da und kümmert sich um Anne. Sie hustet dabei und muß sich dauernd die Nase putzen. Sie wickelt Anne im Bad einen Verband um den Finger. Und weil Anne nun keine Gurken mehr schneiden kann, darf sie neben Mama in Papas Bett liegen.

Papa macht die Tür vom Schlafzimmer zu und meint: „Jetzt sind wir Männer unter uns.“

Er hat einen Eimer voll Wasser laufen lassen und sagt zu Karlchen: „Wisch mal auf.“

Wo Anne erst in die Gurke und dann in ihren Finger geschnitten hat, sieht es nämlich schlimm aus. Karlchen braucht so viel Wasser, daß die ganze Küche schwimmt.

Leider hat Papa Schuhe mit Gummisohlen an, und die rutschen. Als er die Pfanne für das Hoppelpoppel aus dem Schrank angelt, rutscht er aus. Er fällt der

Länge nach auf Karlchen, und Karlchen fällt mit dem Kopf in den Wassereimer.

Karlchen kommt pitschnaß hoch und brüllt, so laut er kann.

Gleich ist Mama da. Sie hustet, daß sich Papa die Ohren zuhält. Mama holt trockene Sachen für Karlchen, zieht ihn um und fönt seine Haare. Und weil Karlchen nicht mehr zu Papa in die Küche will, darf er mit Anne in Papas Bett liegen.

Papa knallt die Tür vom Schlafzimmer zu. Nun ist er ganz allein, niemand hilft ihm. Anne und Karlchen rufen dauernd: „He, Papa! Wann gibt es endlich was zu essen?"

„Gleich!" ruft Papa.

Er stellt schon mal die Pfanne auf den Herd und dreht die Kochplatte an, damit es schneller geht. Er muß ja noch Gemüse schneiden, das dauert eine Weile.

Jnzwischen wird die Pfanne glühend heiß. Als Papa die Zutaten vom Hoppelpoppel hineinwirft, verbrennt er sich alle zehn Finger. Er tanzt wie ein Wilder in der Küche rum und schreit.

Jm Nu ist Mama bei ihm. Sie tröstet ihn, streicht Salbe auf seine Finger und wickelt seine Hände in dicke Tücher. Natürlich kann Papa nun nichts mehr machen. Er liegt mit Anne und Karlchen in seinem Bett und stöhnt.

Mama hustet, putzt sich die Nase und geht in die Küche.

Dort kocht sie aus Papas Hoppelpoppel eine gute Gemüsesuppe. Anne und Karlchen löffeln ihre Teller allein aus. Papa muß von Mama gefüttert werden.

Als alle satt sind, sagt Papa dankbar zu Mama: „Gut, daß du wieder auf den Beinen bist.“

Dann scheucht er Anne und Karlchen in Mamas Bett. Er braucht ja sein Bett für den Mittagsschlaf.

Mama macht Ordnung in der Küche.

Dann legt sie sich auf die Couch im Wohnzimmer. Dort kann sie husten und stört niemanden dabei.

Der kleine Teufel

Seit einiger Zeit mag Bastian keine Bonbons und keine Schokolade. Vor Eis hat er richtig Angst.

Bastians Freund Matti merkt gleich, was los ist. Er sagt: „Das kenn' ich. Du hast einen kaputten Zahn und mußt zum Zahnarzt."

Matti hat ganz schlechte Zähne, er muß dauernd dorthin.

Er erzählt Bastian lauter Schauergeschichten: „Also, mal hat der Zahnarzt gebohrt, daß mir der Bohrer oben zum Kopf rausgekommen ist. Kannst es noch fühlen. Mal hat er einer alten Oma alle Zähne rausgezogen und dafür falsche eingebaut. Die wackeln so, daß die alte Oma nichts mehr beißen kann. Mal hat er einem Mann den Mund so weit aufgeklappt, daß der Mann seinen Mund nicht mehr zukriegt und ihm alle Fliegen reinsausen. Fest steht, der Zahnarzt macht mit dir, was er will."

Wenn Matti so was erzählt, fangen Bastians Knie an zu zittern. Er weiß, wenn Mama merkt, daß er einen kaputten Zahn hat, schleppt sie ihn zum Zahnarzt. Und dort geht es ihm schlecht. Mama darf also nichts davon wissen, auf keinen Fall.

Mittags fragt Mama: „Was ist los? Hast du keinen Appetit?“

Sie hat Reibekuchen gebacken, Bastians Leibgericht. Sonst streut Bastian dick Zucker drauf. Jetzt läßt er den Zucker weg, und da schmecken die Reibekuchen ganz fade. Bastian schiebt den Teller weg.

„Wirst du etwa krank?“ fragt Mama und faßt besorgt an Bastians Stirn.

„Möchtest du was anderes?“

Sie gießt kalte Milch in einen Becher und rührt Kakaopulver rein. Als Bastian davon trinkt, geht er fast in die Luft. Es ist, als ob im Zahn ein kleiner Teufel hockt. Der tobt, sobald Bastian etwas ißt oder trinkt. Wenn das so weitergeht, wird Bastian

verhungern oder verdursten. Aber zum Zahnarzt will er nicht!

Bastian läßt die Kakaomilch stehen, und nun wird Mama unruhig. Sie will wissen, was mit ihm ist.

„Es ist nichts!“ schreit Bastian. Er rennt in sein Zimmer und knallt die Tür hinter sich zu.

Der kleine Teufel im Zahn ist ganz friedlich.

Bastian holt erleichtert Luft, und sofort muckt der kleine Teufel wieder auf. Da beißt Bastian auf sein Taschentuch, und der kleine Teufel ist still.

Mitten in der Nacht wird der kleine Teufel riesengroß. Bastian kann ihn im Traum sehen. Der Teufel ist glühend rot. Er tanzt auf Bastian herum und sticht ihn mit einer riesengroßen Gabel. Das tut gemein weh.

Bastian wirft sich von einer Seite auf die andere. Als er richtig wach ist, weiß er, das ist der kaputte Zahn, der so weh tut.

Bastian tappt ins Schlafzimmer zu Papa und Mama.

Papa knipst Licht an, und Mama fragt verschlafen: „Was ist denn?“

Da sagt Bastian endlich, was los ist.

Mama löst im Bad eine halbe Tablette in Wasser auf. Danach geht es Bastian ein bißchen besser. Er darf sich zwischen Papa und Mama legen, und beide trösten ihn.

Mama sagt: „Morgen früh gehen wir zum Zahnarzt.“

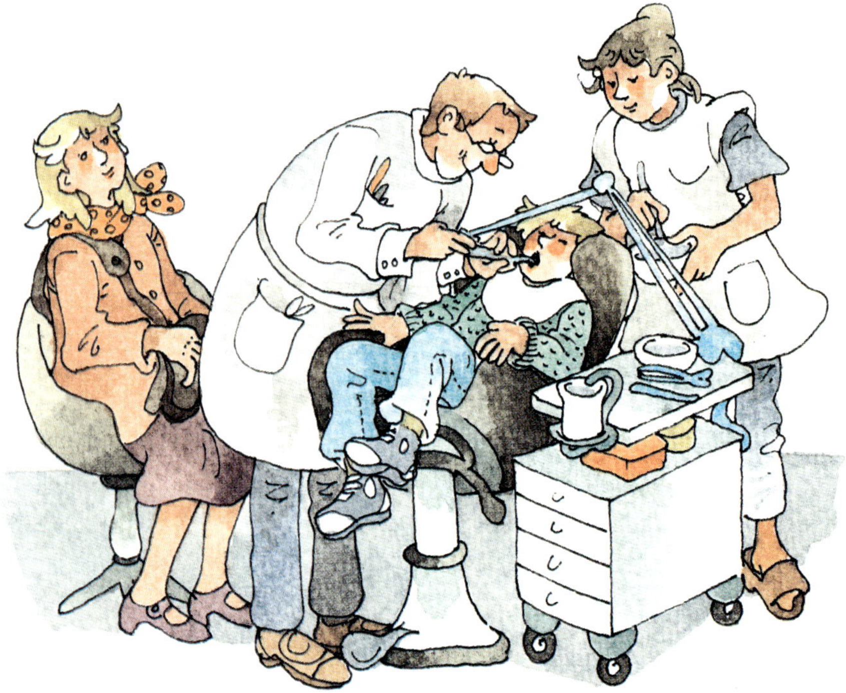

Bastian hat gar keine Angst mehr davor. Schlimmer als der kleine Teufel kann der Zahnarzt auch nicht sein.

Gleich nach dem Frühstück geht er mit Mama hin. Bastian muß sich auf einen Sessel setzen, der nach hinten kippt. Der Zahnarzt schwenkt eine Lampe, daß sie in Bastians Gesicht leuchtet. Bastian macht die Augen zu und den Mund weit auf. Jrgendwas surrt an seinem Zahn entlang.

Es tut nicht weh – oder nur ein bißchen. Der Zahnarzt hat ganz weiche Hände. Er drückt was auf den Zahn und sagt: „Fertig, das war alles."

Bastian macht die Augen auf. Er fährt mit der Zungenspitze vorsichtig zur Seite. Das Loch im Zahn ist weg, der Zahn ist wieder heil.

Mama geht mit Bastian ein großes Eis essen.

Und in der Schule sagt Bastian zu Matti: „Jch glaub' dir deine Schauergeschichten nicht mehr. Beim Zahnarzt ist es gar nicht schlimm."

Bennis buntes Bein

Das Haus, in dem Benni wohnt, ist groß. Dort wohnen auch Henning und Jörg. Beide sind älter als Benni.

Henning und Jörg springen die fünf Stufen vor der Haustür mit einem Satz runter. Benni traut sich das nicht, er springt nur drei Stufen. Henning und Jörg lachen ihn aus.

Als sie weg sind, versucht Benni, ob er nicht vier Stufen schafft. Es geht. Und dann steht Benni oben. Es ist mächtig hoch. Eigentlich will Benni kneifen, aber da kommen Henning und Jörg um die Ecke.

Benni holt Luft, macht die Augen zu und springt. Unten kommt er unglücklich auf, stolpert und fällt hin. Und rührt sich nicht mehr.

Henning und Jörg sind sehr erschrocken. Henning rennt hoch und holt Bennis Mama.

Jörg hockt neben Benni und sagt immerzu: „Wach auf, Benni." Aber Benni wacht nicht auf.

Dann ist Bennis Mama da. Gleich darauf braust der Krankenwagen um die Ecke. Und Benni ist weg. Henning und Jörg sitzen auf den Stufen. Jhnen ist mulmig.

Nach einer Weile kommt ein Taxi. Der Taxifahrer und Bennis Mama tragen Benni zur Haustür. Bennis rechtes Bein steckt in einem Gipsverband. Das Hosenbein von seinen Jeans baumelt lose runter. Sonst sieht Benni ganz munter aus.

Oben liegt Benni im Bett. Mama hat ihm beim Ausziehen geholfen. Das Bein tut fast nicht weh. Aber der Gips ist im Weg, wenn Benni sich umdreht.

Die Zeit will nicht vergehen. Mit einem Mal tut sich Benni leid, und er muß ein bißchen weinen. Dann schläft er ein. Als er aufwacht, sitzt Papa auf der Bettkante. Mama hat ihm erzählt, was passiert ist. Aber Papa hört sich die ganze Geschichte noch mal von Benni an.

Am anderen Morgen geht Mama einkaufen. Sie bringt bunte Filzstifte und einen Zeichenblock. Damit soll sich Benni die Zeit vertreiben. Benni will gerade malen, da kommen Henning und Jörg. Sie stehen rum und machen den Mund nicht auf.

Benni hebt die Bettdecke hoch und zeigt ihnen sein Bein. Der Gipsverband ist weiß und ganz hart. Henning und Jörg dürfen draufklopfen, das spürt Benni nicht. Henning nimmt einen Filzstift, und ehe Benni was sagen kann, hat er einen kleinen

Mann auf den Gips gemalt. Der kleine Mann hat ein abgeknicktes Bein. Henning schreibt darunter: DAS JST BENNJ.

Es sieht lustig aus, was Henning gemalt hat. Benni sagt zu Jörg: „Du bist dran."

Jörg malt auf Bennis Bein ein Auto mit einem Kreuz. Das ist der Krankenwagen, der Benni weggebracht hat. Er will noch das Taxi malen, da kommt Bennis Mama und sagt: „Genug für heute." Sie schiebt Henning und Jörg aus dem Zimmer.

Benni hat schnell die Bettdecke hochgezogen, damit Mama die Bilder auf dem

Gipsbein nicht sieht. Aber der Arzt sieht sie. Er will wissen, wie es Benni heute geht, und malt drei fette Mäuse auf das Gipsbein.

Am Abend sagt Benni zu Papa: „Willst du mal was sehen?“

Er zeigt sein buntes Bein, und Papa kriegt gleich Lust. Er kann nicht gut malen. Er schreibt: GUTE BESSERUNG.

Nun will Mama an die Reihe kommen. Sie sagt: „Jch weiß was.“ Sie legt ein Papier in eine Tasse voll Wasser. Dann legt Mama das nasse Papier auf den Gips und reibt darauf herum. Sie hebt das Papier weg, und ein Abziehbild bleibt zurück: rosa Rosen und hellblaue Tauben.

Benni sagt: „Super“, und Mama ist stolz.

Nach ein paar Tagen darf Benni aufstehen. Nach einer Woche hüpft er die Treppen runter und hockt vor der Haustür.

Alle, die vorbeikommen, bewundern Bennis buntes Gipsbein. Benni hält ihnen Filzstifte hin, und sie malen was dazu.

Bald ist kein Fleckchen mehr frei.

Noch ein paar Wochen später sagt der

Arzt: „Das Bein ist heil, der Gips kann runter.“ Er ritzt mit einer kleinen Säge den Verband auf und klappt ihn auseinander. Benni zieht sein Bein heraus. Ein bißchen wacklig ist es, aber das ist schnell vorbei.

Mama will den Gips runter in die Mülltonne bringen. Da ruft Benni: „Bitte nicht, Mama!“

„Willst du das Ding etwa aufheben?“ fragt Mama erschrocken.

Am Abend hat Papa eine Jdee. Er klebt die Teile vom Gips wieder zusammen und

zieht einen Strick durch. Dann schlägt er einen Nagel in die Wand.

Dort hängt nun Bennis buntes Bein.

Wer will, kann es bewundern.

Jsa und Lisa

Jsa und Lisa sind Zwillinge. Sie sehen sich so ähnlich, daß alle Leute sie verwechseln. Alle, außer Papa und Mama.

Jsa und Lisa trennen sich nie.

Aber eines Tages wird Lisa krank. Sie hat auf dem Bauch lauter rote Punkte, die scheußlich jucken.

Mama sagt: „Das sind Masern. Masern stecken an, darum dürft ihr nicht mehr zusammensein. Sonst erwischt es Jsa auch."

Jsa guckt ihren Bauch an. Der ist so glatt wie immer.

Sonst schlafen Lisa und Jsa im Kinderzimmer. Die Betten stehen übereinander. Mal schläft Jsa oben und Lisa unten, mal Lisa oben und Jsa unten. Jetzt räumt Mama um. Sie bringt Jsas Bettzeug ins Schlafzimmer. Vor den Betten von Papa und Mama steht eine Liege. Darauf soll Jsa nun schlafen.

Mama sagt: „Das Betreten des Krankenzimmers ist streng verboten!"

Jsa muß draußen bleiben, wenn Mama zu Lisa geht und die Tür hinter sich zumacht. Mama tröstet Lisa. Masern jucken nicht nur, sie machen auch krank und matt. Mama sitzt neben Lisa, hält ihr die Hand und erzählt was.

Draußen kratzt Jsa an die Tür wie ein kleiner Hund. Sie jammert: „Jch bin so allein!"

Mama ruft: „Dafür bist du gesund! Geh ins Wohnzimmer und guck fern!" Sonst gucken Jsa und Lisa immer gemeinsam fern.

Nun hockt Jsa allein vor dem Fernseher.

Alles ist langweilig. Lisa ist ja nicht da, mit der Jsa lachen und sich aufregen kann.

Mama hat keine Zeit für Jsa. Mama hat nur mit Lisa zu tun. Sie holt für Lisa Saft aus der Küche, sie legt Lisa kühle Umschläge auf, sie liest Lisa was vor. Und immer macht sie die Tür vom Kinderzimmer hinter sich zu. Jsa muß immer draußen bleiben.

Jn der Nacht kann Jsa nicht schlafen. Sie hört, wie Papa leise schnarcht. Sie hört, wie sich Mama umdreht. Sie hört auch, daß Mama aufsteht. Sicher guckt sie nach, wie es Lisa geht. Um Jsa kümmert sie sich nicht. Sie legt sich hin und schläft weiter.

Jsa ist einsam. Sie denkt, daß einsam sein schlimmer ist als Masern. Wenn es sich Jsa aussuchen könnte, hätte sie lieber Masern.

Jsa spürt, wie ihr Bauch juckt. Sie tappt ins Bad, macht Licht und stellt sich vor den Spiegel. Langsam hebt sie das Nachthemd hoch. Auf ihrem Bauch sind vier kleine, rote Flecken.

Fast wäre Jsa vor Freude hochgehüpft. Sie läßt es aber sein, weil ihr Kopf ein bißchen weh tut. Sie schleicht ins Schlafzimmer und holt ihr Bettzeug. Hinter ihr klappt die Tür zu. Jsa lauscht. Aber Mama und Papa haben nichts gehört und schlafen ruhig weiter.

Jm dunklen Kinderzimmer flüstert Lisa: „Jsa, bist du es? Jch kann allein nicht schlafen."

Jsa flüstert zurück: „Soll ich dir mal was verraten? Jch hab' auch die Masern."

„Dann dürfen wir endlich wieder zusammensein!" ruft Lisa. Sie rutscht zur Seite. Jsa kuschelt sich neben sie. Beide schlafen ganz schnell ein.

Am anderen Morgen will Mama schimpfen, weil Jsa bei Lisa liegt. Da schlagen Jsa und Lisa die Decken zurück und zeigen alle beide ihre rotgetupften Bäuche.

Von nun an sind Masern nicht mehr schlimm. Jsa und Lisa sind ja nicht mehr getrennt. Nach ein paar Tagen tut ihnen

der Kopf nicht mehr weh. Es juckt auch kaum noch.

Jsa und Lisa toben rum, und Mama stöhnt: „Es wird Zeit, daß ihr gesund werdet!“

Seitenstechen

Heute ist ein ganz mieser Tag. Heute geht alles schief.

Es fängt gleich morgens an. Mamas Auto springt nicht an, und Jonas kommt zu spät zur Schule. Jm Diktat macht Jonas dreizehn Fehler. Dann schubst ihn in der Schwimmstunde ein Junge ins Tiefe. Zum Glück hat Jonas Schwimmflügel an. Aber seitdem hat er Seitenstechen.

Jonas hat richtig drauf gewartet, daß er krank wird. An so einem miesen Tag wird er garantiert krank. Entweder wird ihm schwindlig, oder er kriegt Schüttelfrost oder Bauchweh.

Mama sieht ihm gleich an, daß er krank ist. Sie fragt: „Was ist mit dir?"

„Seitenstechen", sagt Jonas matt.

Mama fragt: „Links oder rechts?"

Das Seitenstechen ist überall, aber Jonas sagt: „Rechts."

Sofort regt sich Mama auf und ruft: „Das ist der Blinddarm!"

Jonas fällt fast in Ohnmacht. Wenn es nämlich der Blinddarm ist, wird ihm der Bauch aufgeschnitten. Er ruft schnell: „Nein, links!“

Mama ist erleichtert und sagt: „Die Schule hat dich angestrengt. Leg dich bis zum Essen hin.“

Jonas liegt auf dem Bett und blättert in seinem neuen Mickymausheft. Das Seitenstechen ist so gut wie weg. Da riecht Jonas was. Er riecht, daß Mama Kohlrouladen

gemacht hat. Kohlrouladen kann Jonas nicht ausstehen. Schon vom Geruch wird ihm schlecht. Bestimmt verlangt Mama, daß er eine Kohlroulade ißt. Vielleicht macht sie eine Ausnahme, wenn Jonas Bauchweh hat.

Jonas liegt ganz steif da. Jn seinem Bauch fängt es an zu gluckern, und schon ist das Bauchweh da.

Mama kommt rein und sagt: „Das Essen ist fertig. Wie geht es dir? Kannst du aufstehen?“

Jonas kann nicht aufstehen. Er stöhnt: „Mein Bauch, mein armer Bauch.“

Mama regt sich gleich wieder auf und ruft: „Jch wußte es! Es ist der Blinddarm!“

Sie rennt ans Telefon, und Jonas hört, wie sie sagt: „Der Doktor soll kommen! Es ist dringend!“

Sie legt auf, und gleich darauf schreit sie ganz laut.

Sie schreit nicht wegen Jonas. Mama schreit wegen der Kohlrouladen, die inzwischen angebrannt sind. Jonas hört,

wie sie alles in den Müll kippt und die Fenster aufreißt.

Das Bauchweh verschwindet. Dafür kriegt Jonas großen Hunger. Sein Magen knurrt richtig. Am liebsten hätte Jonas einen Teller voll Rühreier. Rühreier sind sein Leibgericht. Er geht in die Küche. Aber leider macht ihm Mama jetzt keine Rühreier.

Mama schleppt Jonas zurück ins Bett und deckt ihn bis zur Nasenspitze zu. Dann sagt sie: „Armer Liebling, gleich kommt der Doktor und hilft dir.“

Jonas will sagen: „Es geht mir gut“, da klingelt es.

Sofort hat Jonas wieder Seitenstechen und Herzklopfen dazu. Womöglich schneidet ihm der Doktor den Bauch auf und fischt nach dem Blinddarm. Davor hat Jonas große Angst.

Aber der Doktor will Jonas Blinddarm gar nicht, sondern holt nur das Hörrohr aus der Tasche. Er horcht Jonas vorn und hinten ab. Er drückt ihm auf dem Bauch herum und fragt immer wieder: „Tut es hier weh? Oder hier?“

Es tut nirgendwo weh, kein bißchen.

Schließlich sagt der Doktor zu Mama: „Jch kann nichts finden. Vielleicht sind es die Nerven, das kommt vor.“

„Die Nerven hat er von mir“, sagt Mama und ist erleichtert. Als der Doktor weg ist, sagt sie: „Schade um die schönen Kohlrouladen. Was könnten wir essen?“

„Rühreier!“ ruft Jonas. Von nun an ist der Tag überhaupt nicht mehr mies.

Armer Wuschel

Mit Wuschel stimmt was nicht.

Wenn sonst jemand klingelt, rast Wuschel zur Tür und bellt. Jetzt schleicht er hin und winselt nur.

Sonst frißt Wuschel seinen Napf bis auf den letzten Rest leer. Jetzt schnuppert er nur am Fressen und rührt nichts an.

Sonst will Wuschel immer mit, wenn Papa, Mama oder Peter weggehen. Jetzt bleibt er in seinem Korb und macht die Augen zu.

„Wuschel ist krank", sagt Mama. „Jch muß mit ihm zum Tierarzt."

Papa und Peter kommen natürlich mit, sie lassen doch Wuschel nicht allein.
Beim Tierarzt warten viele Leute mit Tieren. Eine Frau hat zwei Katzen auf dem Schoß. Einem Jungen guckt ein Hamster aus dem Anorak. Ein Mann hat einen Käfig mit einem Papagei. Ein großer Hund knurrt Wuschel an. Da setzen sich Mama, Papa und Peter mit Wuschel ganz weit weg.

Endlich sind sie an der Reihe.
Mama, Papa und Peter erzählen durcheinander, daß mit Wuschel was nicht stimmt. Peter sagt: „Bitte, machen Sie Wuschel wieder gesund."

„Aber klar“, sagt der Tierarzt.

Erst kriegt Wuschel ein Thermometer in den Po. Dann leuchtet ihm der Tierarzt mit einer Lampe in den Hals. Und guckt ihm unter die Schlappohren. Und drückt fest auf Wuschels Bauch.

Alles hat sich Wuschel brav gefallen lassen, aber das paßt ihm nicht. Wuschel strampelt und will ausreißen.

„Hoppla!“ ruft der Tierarzt und hält Wuschel fest. Wuschel bekommt zwei Spritzen, eine links und eine rechts. Nach einer Woche soll Wuschel wiederkommen.

Jm Auto setzen sich Mama und Peter mit Wuschel nach hinten.

Wuschel winselt leise. Zu Hause muß Papa ihn die Treppen rauftragen. Wuschel macht keinen Schritt allein.

„Wuschel soll es gut haben“, sagt Papa. Er setzt Wuschel im Wohnzimmer auf den Sessel, auf dem er sonst beim Fernsehen sitzt. Heute setzt sich Papa eben mal auf einen Stuhl.

„Wuschel soll es gut haben“, sagt Mama.

Sie bringt aus der Küche den Schinken, den sie für Papa und Peter gekauft hat. Für Papa und Peter kocht Mama einen Pudding, der schmeckt auch.

„Wuschel soll es gut haben“, sagt schließlich auch Peter. Er deckt Wuschel mit seinem Kopfkissen zu. Peter schläft genauso gut ohne Kissen.

Dann wollen Mama, Papa und Peter den armen Wuschel aufmuntern.

Papa spielt auf der Mundharmonika. Das hat Wuschel sonst gern. Jetzt zuckt er

vorwurfsvoll mit den Schlappohren, und Papa steckt die Mundharmonika schnell wieder weg.

Mama wirft Wuschel das Wollknäuel von ihrem Strickzeug zu. Sonst schnappt sich Wuschel das Wollknäuel und jagt damit durch die Wohnung. Jetzt rührt Wuschel das Wollknäuel nicht an.

Peter bringt den kleinen Wuschel. Das ist ein Stofftier und sieht aus wie Wuschel. Sonst schnappt Wuschel nach dem kleinen Wuschel und will ihn zerfetzen. Er hat ihm bereits ein Ohr, ein Bein und den Schwanz abgebissen. Jetzt guckt Wuschel den kleinen Wuschel nicht mal an.

Peter seufzt: „Er ist wirklich sehr krank.“

Als Mama, Papa und Peter schlafen gehen, legen sie Wuschel ganz behutsam und vorsichtig in sein Hundekörbchen.

Aber mitten in der Nacht wird Wuschel plötzlich munter.

Papa wacht auf, weil ihm Wuschel die Decke wegzerrt.

Mama wacht auf, weil Wuschel zu ihr ins Bett springt und ihr Gesicht ableckt.

Peter wacht auf, weil Wuschel die Stehlampe umkippt, daß es nur so poltert.

Als es klingelt, rast Wuschel zur Tür und bellt wie verrückt.

„Sei still, Wuschel!“ ruft Papa und macht auf.

Draußen steht der Nachbar und beschwert sich, weil Wuschel auch ihn aufgeweckt hat. Wuschel springt an ihm hoch und wedelt mit dem Schwanz. Da ist der Nachbar versöhnt.

Später hopst Wuschel zu Peter ins Bett. Peter umarmt ihn und sagt: „Nun bist du wieder ganz gesund, lieber Wuschel.“

Die Autorin

Margret Rettich wurde 1926 in Stettin geboren. 1946 bis 1952 Studium der Gebrauchsgrafik an der Kunsthochschule in Erfurt. Danach freiberuflich Werbung für Mode, Kosmetik, Chemie. Erste Bilderbuchideen. Nach der Heirat mit Rolf Rettich gemeinsames Atelier in Leipzig. 1960 Übersiedlung in die Bundesrepublik. 1981 erhielt sie den Deutschen Jugendliteraturpreis für „Die Reise mit der Jolle“.

Leselöwen

Die bringen's in Farbe

Detlev Block, Glaubensgeschichten
Sophie Brandes, Bärengeschichten
Cornelia Funke, Monstergeschichten
Manfred Mai, Fußballgeschichten
Angelika Mechtel, Schulklassengeschichten
Mirjam Pressler, Geschwistergeschichten
Margret Rettich, Werd-gesund-Geschichten
Anne Steinwart, Hexengeschichten
Klaus-Peter Wolf, Pferdegeschichten
Klaus-Peter Wolf, Seeräubergeschichten